# KOCHGESCHICHTEN AUS DER SCHLECHTEN ZEIT

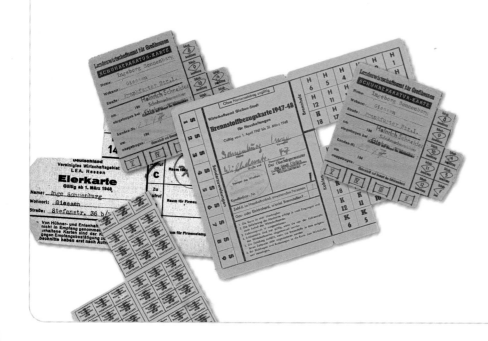

# Als wir noch schön und hungrig waren ...

# Zu diesem Buch

*Als Sozialpädagogin betreue ich eine Seniorinnengruppe in der Gemeinde der Lutherkirche in der Kölner Südstadt.*

Ich wollte wissen, wie das war im Krieg und auch danach, als es nichts zu kaufen gab; oder manchmal nur so wenig, dass es vorne und hinten nicht ausreichte.

Aus dieser Fragestellung entwickelte sich eine lebhafte Diskussion. Viele alte Erinnerungen wurden wach. Die Seniorinnen erzählten, wie sie ihr Leben organisiert haben. Mit geringsten Zutaten zauberten sie Köstlichkeiten. Die Not machte erfinderisch. Sie beschrieben, wie sie sich bei einem Gericht einfach eingeredet hatten, dass es eine Delikatesse sei ...

Sie brachten alte Kochbücher mit und zeigten Fotos von früher, als sie noch jung und schön waren – und hungrig. So kamen wir auf die Idee, die Geschichten und die Fotos zu sammeln, um daraus ein Buch zu machen.
Im Frühjahr 2004 starb Jenny. Sie war mit ihren 96 Jahren die Älteste in unserem Kreis.

Auch wenn wir anderen fast alle von diesem hohen Alter noch weit entfernt sind, war es für mich ein Grund, sofort mit der Arbeit zu beginnen, bevor es zu spät ist. Wir möchten mit anderen ins Gespräch kommen, um zu erzählen und zu beschreiben, wie es war – früher vor 50 – 60 Jahren.

Ich freue mich über die große Wertschätzung und bedanke mich bei allen, die ehrenamtlich geholfen haben, dieses Buch-Projekt zu verwirklichen. Dank den Seniorinnen für ihre Offenheit und Ingeborg Niesen, die zu vielen Geschichten eine Zeichnung gemacht hat.

Besonderer Dank an Gabriele Winter vom Diakonischen Werk der Evangelischen Kirche im Rheinland e.V. für die Befürwortung des Projektes.

Ingeborg Schaefer

# Jenny 1907 in Lodsch

als jüngstes von neun Kindern geboren, Schule, Lehre,

Beruf als Kinderpflegerin in Berlin-Wannsee,

1930 Heirat, kinderlos, Krieg, Flucht und Evakuierung,

danach Umzug ins Rheinland und nach Köln,

gestorben 2004

Jenny ca. 1929

Ich war noch Kind 1918 und wir lebten in Lodsch in Polen. Wir lebten in einem Holzhaus und zwar Parterre. Also sagen wir mal, ich brauchte, wenn die Tür abgeschlossen war, weil ich nicht raus durfte, nur das Fenster zu öffnen und da konnte ich rausteigen. Das haben wir als Kinder öfter gemacht.

## Eine ganz besondere Leckerei

Mein Bruder war 9 und ich war 11 Jahre alt. Da kam mal ein furchtbares Gewitter und wir hatten wahnsinnige Angst, denn wir waren beide ganz alleine im Haus. Wir haben uns ausgemalt, was passieren könnte. Mein Bruder fing an: „Stell Dir vor, jetzt schlägt der Blitz hier ein und wir können nicht raus, weil Mutter die Haustür abgeschlossen hat. Was machen wir?" „Na, hör mal," sagte ich, „wir klettern einfach aus dem Fenster". „Ja, aber nachher ist dann das Fenster offen", meinte mein Bruder. „Das ist dann auch egal, ob das Fenster zu oder offen ist, wenn's Haus abbrennt".

# Eine ganz
# besondere Leckerei

Na ja, so haben wir uns getröstet, bis das Gewitter wieder vorbei war und der ganze Spuk ein Ende hatte. Dann kam Wanda, unsere polnische Nachbarin, um zu schauen, ob bei uns alles in Ordnung sei. Sie schenkte uns einen Groschen. Wir liefen sofort los und kauften uns Süßigkeiten.

Besonders lecker war eine, die so ähnlich wie türkischer Honig aussah. Sie wurde von einem großen Stück abgeschnitten und gewogen. Sie war sehr süß und man konnte nicht viel davon essen, doch es war eine ganz besondere Leckerei.

Der Name fällt mir nicht ein. Ich kann leider auch keinen mehr fragen. Meine Mama ist nicht mehr da und meine Geschwister auch nicht. Die hätten den Namen sicher gewusst, schließlich kannten sie diese Süßigkeit ja noch besser als ich.

Eine Woche später ...

Ach, jetzt ist es mir wieder eingefallen. Die Leckerei hieß Hauwa. Ich buchstabiere: „H A U W A", so jedenfalls wird es ausgesprochen. Wie es richtig geschrieben wird, weiß ich nicht mehr.

... mit 17 in Berlin

# Walli 1914 in Berlin geboren,

Volksschule, Lehre, Verkäuferin,

1934 Heirat, 2 Kinder, in Berlin ausgebombt und von

1941 bis 1945 in Pommern evakuiert, ab 1945 in Köln

1939 in Dümpelfeld
an der Ahr

# Eintopf mit Nachspiel

Ich heiße Walli Weber, den Namen habe ich durch meinen Mann.

Wir waren jung verheiratet und der Himmel lachte uns an. Aber es gab auch Ärger. Mein Mann wollte unbedingt gelbe Erbsen essen, Eintopf.

Da habe ich gesagt, „die kann ich kochen"; und ich fing an zu kochen.

## Eintopf mit Nachspiel

Ich hatte einen Teil der Erbsen vergessen und zu den Erbsen, die im Kochtopf schon gar waren, schmiss ich die anderen einfach noch rein und dann waren da harte und weiche Erbsen ... Man konnte das nicht sehen. Die Suppe sah gut aus und roch auch gut.

1938 die Söhne
Peter und Hubertchen

1933 mit ihrem
Mann in Berlin

Aber, oh weh oh weh, nach dem ersten Löffel, hat mein Mann da geschimpft: „Die kannst du dir über den Kopf schütten, die kannst du alleine essen".

Ja, ja ... und dann haben wir uns heftig gezankt.

Die Suppe landete im ... na ja, „wo wohl?" Ich hab es knacken hören. Wir haben ein paar Tage nicht mehr miteinander gesprochen. Aber dann war die Versöhnung groß und es gab wieder Eintopf. Natürlich waren diesmal alle Erbsen weich, hat lecker geschmeckt.

1938 in einer Moschee in Isfahan

1938 mit ihrem Schwager

# Leonie 1920 in Berlin geboren,

## Schule, Beruf, Sekretärin, 1936 Heirat,

... mit der Freienfels
1936 auf der
Fahrt nach Persien

von 1936 bis 1938 in Persien, geschieden,

danach wieder in Berlin,

zweite Heirat, 2 Kinder, 1954 Umzug nach Köln

# Persischer Reis

Ich habe vor dem Krieg zwei Jahre im Ausland gelebt, in Teheran, von 1936 bis 1938.

Mein Mann war sehr gut situiert und, wie das in Persien so ist, hatte man Diener. Man brauchte sich nicht selbst in die Küche zu stellen. Unser Koch hat also auch mal wunderbaren Reis gemacht.

Damals kochte man noch auf kleinen, na, wie sagt man, Holzkohleöfen und da stellte man Töpfe drauf, die nach unten konisch breit waren. Die Hauptsache an diesem persischen Reis war unten die dicke Kruste, die man Tadick nennt. Dieses Tadick war immer etwas Besonderes. Wenn der Reis also schön serviert wurde, dann wurde Tadick in Stücke geschnitten und an den Plattenrand gelegt und das konnte man dann auch mit den Händen essen.

## Persischer Reis

So, nun habe ich auch versucht, in Deutschland persischen Reis zu kochen. Ich habe einen ganz großen alten Aluminiumtopf aufgehoben, extra um den Reis zu kochen. Ich habe also schönen Spitzkornreis gekauft. Der dann abgekocht wurde, aber so, dass noch ein Biss da war, er durfte nicht ganz pappig sein.

Und so geht es:

Etwas Wasser in den Kessel und Margarine oder Butter dazu, den Reis schichtweise darauf und dann wieder Butter oder Margarine, wie man will, bis der Reis schön bedeckt ist, dann kommt der Deckel drauf, das ist die Hauptsache. Den Deckel mit einem Handtuch luftdicht abschließen.

So haben wir das drüben auch immer gemacht.

**Der Reis muss dann ungefähr eine Stunde lang auf ganz kleiner Flamme brutzeln und dann setzt sich das Tadick unten fest.**

Für mich ist es jedesmal eine Überraschung, wie soll ich sagen: „Ist es mir heute gelungen oder ist es mir nicht gelungen?"
Jedenfalls, manchmal ist das Tadick ein bißchen schärfer, manchmal ist es noch goldgelb, aber gleich wie, meine Gäste sind immer ganz begeistert davon. Dazu gibt es dann ein tolles Gulasch, ein schönes Hühnerfrikassee.
Das ist meine Geschichte vom persischen Reis, den ich sehr mag.

1949 im
Berliner Zoo

1943 mit 22 Jahren

1922 mit einem Jahr

# Vera 1921 in

Berlin geboren, Schule, 1935 Lehre

als Kontoristin, 1942 Heirat,

zwei Kinder, in Berlin ausgebombt,

1945 ins Ruhrgebiet, 1960 nach Köln

1927 mit sechs Jahren

## Früh übt sich ...

Als Einzelkind bin ich in Berlin groß geworden und wurde verhätschelt und verwöhnt und brauchte mich nur an den gedeckten Tisch zu setzen.

1942 habe ich geheiratet. Mein Mann war Soldat, bekam Sonderurlaub und als Soldat extra Lebensmittelkarten. Er konnte prima mit allem umgehen, auch mit den Lebensmittelmarken – im Gegensatz zu mir.

# Früh übt sich ...

Ich konnte weder kochen noch wirtschaften. Besonders schämte ich mich, dass ich nicht mal eine Schnitte Brot gerade abschneiden konnte. Aber mein Mann lachte nur und sagte immer: „Lass' mal, das mache ich schon". Unzählige Male hat er mir das in unserer 54-jährigen Ehe gesagt und auch getan und ich bin somit, wie schon als Kind, wieder verwöhnt worden.

Ja, aus mir ist bis heute keine gescheite Hausfrau geworden.

Mein Mann ist vor ein paar Jahren verstorben. Doch mein Sohn kommt auf meinen Mann und nun verwöhnt er mich.

**1941 mit 20 Jahren**

Mit der Mutter 1929/30 in Zoppot (Freistaat Danzig)

# Ludmilla

1922 in **Berlin** geboren, Schule, Lehre im Büro, Beruf, aus Danzig geflohen, 1945 nach Kloster Lehnin in der Mark Brandenburg, 1949 mit dem Rosinenbomber nach Köln geflohen, 1961 Heirat, kinderlos

1946 in Lehnin, Mark Brandenburg

1942 Weihnachten
mit der Familie

## Auf der blanken Herdplatte

In den letzten Kriegsjahren und auch danach, wenn am Samstag das Haus von oben bis unten geputzt war, gab es Festessen und zwar Reibekuchen auf der blanken Herdplatte gebacken. War das lecker!

Zucker war knapp, aber es gab Apfelmus, denn im Garten hatte der Apfelbaum allerhand Äpfel auf die Erde fallen lassen und die wurden ja gekocht.

Also gab es Samstag Nachmittag Festschmaus: Reibekuchen auf der blanken Herdplatte, gebacken mit Apfelmus und Zucker. Kaffee war nicht so gut, er war einfach zu dünn.

Die Zutaten für die Reibekuchen:
Die Kartoffeln wurden gerieben, es wurden möglichst große ausgesucht. Dann kam ein Löffel Mehl dazu, so man hatte, ein Ei und ganz wichtig war die Zwiebel, eine schöne große Zwiebel, und natürlich Salz. Das war alles.

# Auf der
# blanken Herdplatte

Die Reibekuchen wurden ohne Fett auf der blanken Herdplatte knusprig braun gebraten und waren sehr sehr lecker.
Zum Festschmaus durfte natürlich auch der Kaffee nicht fehlen.

Meine Mutter war eine starke Kaffeetrinkerin und brauchte unbedingt ihren Kaffee zum Gemütlichsein. Der Kaffeesatz wurde diverse Male aufgebrüht, immer wieder noch einmal heißes Wasser drüber. In der Tasse war dann gebräuntes Wasser, das wie Kaffee aussah, und meine Mutter hat das geschlürft und gemeint, es täte ihr gut.

Die Zeit im Flüchtlingslager Wipperfürth, 1949

Mit Vater und Mutter
in Dechsel 1932

IE - 37451

# Lisa 1926 in Dechsel/Nm (Polen) geboren,

Schule, im Krieg bis 1945 im Arbeitsdienst als Maid,

dann Flucht nach Sachsen Anhalt und

Ausbildung zur Lehrerin, 1950 Flucht in den Westen,

1955 Heirat, kinderlos, 1966 nach Köln

Lisa als
Backfisch 1945

## Arbeitsmaiden

Dies wird kein Kochrezept, vielleicht ein Rezept für's Leben. Krieg in Deutschland, also 60 Jahre zurück.

Junge Männer wurden eingezogen und fielen für Volk und Vaterland.

Junge Mädchen wurden eingezogen für Arbeiten für die Gemeinschaft.

Ein Jahr Arbeit auf dem Bauernhof, ein Jahr in der Rüstungsindustrie oder ein Jahr im Reichsarbeitsdienst. Und das traf mich.

Hohenwalde im östlichen Brandenburg, ein Ort, ein Schloss. Der Besitzer vertrieben, KZ, wir wussten es nicht. 48 Arbeitsmaiden mit der Kameradschaftsältesten, je 12 im ganzen. Mehrere Führerinnen. Arbeit beim Bauern, politische Schulung, Lieder singen.

Angela aus Oberschlesien, also eine Maid, sagte: „Ich kann mich hier jeden Tag satt essen." Das traf einen, wenn man so etwas hörte.

Ein Mädchen aus Berlin, mit abrasierten Augenbrauen, Tingeltangel-Milieu.

Ein Mädchen von den Gütern ihrer Familie, eine Chaotin, die immer zu spät kam, ein Mädchen, das immer umfiel, Hysterie, aber sie entkam damit dem preußischen Drill.

# Arbeitsmaiden

Ich, eigentlich die Jüngste, wurde aber beför-
dert zur Kameradschaftsältesten und bekam
Verantwortung. Wochenweise standen die ver-
schiedensten Dienste an: Schreibstube, Wasch-
küche, Küche. Das Letzte traf mich mit meinen
zwei Maiden. Frühstück bereiten, sehr einfach.

Für 50 Personen
Röstbrot, ein Klecks Marmelade, Kathreiners
Malzkaffee.

Sonntagstafel

Sonntags dann etwas Schönes, Mittagessen:
Rotkohl, Kartoffeln, Klopse und Pudding.

Der Topf zum Puddingkochen war der größte
und tiefste, den ich je gesehen hatte. Nur die
Größte von uns konnte von außen den Grund
des Topfes erreichen.

Puddingrezept
50 Liter Magermilch
eine Prise Salz (wie viel ist das?)
ein paar Pfund Zucker
Puddingpulver

Schwierigkeit, 50 Liter Magermilch zum Kochen
zu bringen, ohne anzusetzen.

# Arbeitsmaiden

Hoch kochen, angerührtes Puddingpulver hinein, nicht anbrennen. Diese kleine Köstlichkeit in Form eines Puddings am Sonntag, das war ein Licht in dieser trüben Zeit.

Margret, eine etwas Größere als ich, sagte: „Dat machen wir schon" und richtig: das schaffen wir schon und wir schafften es.
Die Prise Salz war ein wenig groß geraten und verlieh dem Pudding einen aparten Zug. „Haste jut jemacht, Lisa, aber Margret nicht vergessen".

Ich habe Margret nicht vergessen.

Rühren, schwitzen, Angst haben, ob es dann gelingen würde.

Beim Kartoffelschälen

Vorbereitungen für den Winter

Auf dem Deich

Osterspaziergang

# Lagerleben ...

Blick aus dem Fenster

Lageridyll

Arbeitspause bei Kruse auf dem Feld

Auf der Fähre

Freundinnen

Fleißig

1929

# Leni

**1927** in **Köln** geboren,

Schule, bei Kriegsausbruch 12 Jahre alt,

war während des Krieges immer

in Köln, **1961** Heirat, 4 Kinder,

1957 Führerschein

# Klingelpütz

Als der Krieg in den letzten Zügen lag – 1944 – saß ich in Polizeihaft. Man hatte mich erwischt mit 2 kg Mehl.

## Klingelpütz

... im Rucksack, um 23 Uhr vor einem Versorgungsdepot, ich hatte das Mehl geklaut. Nicht als Mutprobe und nicht aus Jux und Dollerei, sondern aus Hunger. Denn längst war die Versorgung zusammengebrochen in Köln, wo es statt Straßen reihenweise Ruinen und Schuttberge gab. Ich hatte bei nächtlichen Fliegerangriffen Speiseöl brennen und Weizenmehl explodieren sehen.
Seitdem hatte ich mir, wie viele andere, einen Weg zu gefüllten Lagern gesucht.

Unser Haus war stehen geblieben, aber alle, die darin wohnten, hatten Hunger. Und nun saß ich im Klingelpütz in Gewahrsam, „in der Blech", wie der Kölner zum Gefängnis sagt. Mein Gewissen war vollkommen ruhig. Sollte mich eine Bombe treffen, ein herabstürzendes Stück Eisen oder Mauerwerk, war es gleichgültig, ob mit vollem oder leerem Magen.

Vielleicht würde es eine Verhandlung geben. Jedenfalls hatte mich ein Offiziersverteidiger aufgesucht, der alte Dr. Matthes, den man aus dem Ruhestand zurückgeholt hatte.

1934, Leni links mit Schwester

Ich erzählte ihm den Hergang meiner Tat und meinte, dass mir kaum etwas geschehen könnte, denn der Beamte, der mich verhaftet hatte, es war nur einer, hatte mir meinen Rucksack abgenommen, aber nicht auf der Wache abgegeben. „Sagen Sie das niemand" warnte mich Dr. Matthes, „das ist Ihre Chance. Solange der Beamte die Aufdeckung seiner Verfehlung befürchtet, hält er den Mund. Sie haben lediglich eine Dose Schokolade auf der Straße gefunden. Wenn Sie davon nicht abgehen, kann Ihnen keine Plünderung nachgewiesen werden".

Bei dem Wort „Plünderung" wurden meine Knie weich. Auf Plünderung stand Todesstrafe.

Er sagte sofort nach dem Eintreten im Befehlston: „Wir kennen uns nicht". Ich verstand.

Trotzdem drangen sehr viele Menschen in Vorratslager ein, wurden gefasst und vor Gericht gestellt. Die meisten im Dienst ergrauten Vorsitzenden vermieden den Begriff „Plünderung" wie eine heiße Stelle im Boden.

Am 24. Dezember – meinem Geburtstag – saß ich in Untersuchungshaft in einer Einzelzelle. Dr. Matthes hatte eine Einzelverhandlung erreicht, aber keine Besuchserlaubnis für meine Eltern. Ich fühlte mich gedrückt und ziemlich verlassen, aber am meisten litt ich unter der Langeweile. Da hörte ich die Misstöne des Aufschließens und sah, wie mir ein Apfel zugeworfen wurde. Es war die Aufseherin vom Dienst. „Du hast doch heut Geburtstag. Ich drücke Dir die Daumen. Iss das Kerngehäuse mit, sonst krieg ich Ärger."

# Klingelpütz

Die Tür wurde wieder geschlossen. Ich aß den Apfel, dann versuchte ich mir Gedichte aufzusagen. Pech, ich kannte zu wenige. Schließlich kam ich auf die Idee, meine Knöpfe abzureißen und auf den Fußboden zu werfen. Das Suchen, Aufsammeln und – am nächsten Morgen – wieder Annähen beschäftigte mich und lenkte von unergiebigen Grübeleien ab.

Ich war draufgekommen, dass mir alle Unrecht taten, weil einer zu Unrecht Macht über uns hatte. Bei der Frage „warum" hatte ich begonnen, meine Knöpfe abzureißen.

Die Verhandlung dauerte 20 Minuten. Auf der Straße gefundene Schokolade war im Schwarzhandel wohl ein kleines Vermögen wert, vor Gericht jedoch eine Bagatelle.

Ich bekam eine Geldstrafe, aber was war schon Geld, wenn es nichts zu kaufen gab?

Der Krieg zeigte letzte Zuckungen, wir spürten sie, wussten aber nicht, wie lange noch. Wer in Köln verblieben war, wanderte weite Wege über Schuttberge und Geröllhalden, um zu einem Laden zu kommen, wo es vielleicht Gemüse gab oder Bratlingspulver. Auch ein Bruchstück Küchentür oder Stuhlbein war das Mitnehmen wert, denn der Schornstein musste rauchen.

Mein Jahrgang hat kräftig geholfen, Köln wieder aufzubauen, zu erneuern in jeder Beziehung.

Ich habe meinen Enkel auf dem Schoß. Was ich für ihn wünsche, geht aus dem Gesagten hervor.

1929, Lotti mit
Mutter und
kleineren Geschwistern

# Lotti 1922 in Berlin geboren,

Schule in Mannheim und Augsburg, 1939 Lyzeum,

Arbeitsdienst,

Selbstportrait
im Arbeitslager

1940 Kontoristin und technische Rechnerin in der Rüstungsindustrie,
1945 Heirat, ein Kind, 1957 nach Köln.

# Hochzeitstorte

Es war im März 45, kurz vor Kriegsende. Mein Verlobter und ich waren bei den Messerschmitt-Flugzeugwerken beschäftigt und unsere Konstruktionsbüros waren wegen der Bombenangriffe von Augsburg nach Oberammergau verlagert worden. Wir waren da alle in Hotels oder privat untergebracht, also fern von zu Hause.

## Die Hochzeitstorte

Nun erhielt mein Verlobter zum 1. April 45 noch einen Gestellungsbefehl und aus diesem Grund wollten wir vorher noch schnell heiraten, was auch ohne vorheriges Aufgebot, innerhalb von zwei Tagen, möglich war. Wir haben uns zwei Kollegen als Trauzeugen geschnappt und sind zwischen der Arbeitszeit mal eben zur Trauung auf's Rathaus.

Eine Stunde später waren wir alle wieder an unserem Arbeitsplatz.

Abends wollten wir dann mit Freunden feiern. Aber womit? Eine Torte musste her. Es musste ein Rezept her, wo die Zutaten noch vorhanden waren, dachte ich bei mir.

Lotti rechts, mit Kolleginnen von Messerschmitt

Ich hatte:
ein Ei, eine Tasse Zucker, eine Tasse Griess, eine Tasse Mehl, eine Tasse Milch, eine Tasse Malzkaffe (wegen der braunen Farbe, die Schokolade vortäuscht) und etwas Backpulver oder Hirschhornsalz.

Das Ei wurde mit dem Zucker schaumig gerührt, dann wurden die anderen Zutaten untergemengt. Gebacken hat ihn mir dann meine Wirtin, da ich auf meinem Zimmer in der Pension ja keinen Herd hatte.

Der Kuchen wurde durchgeschnitten und der letzte Rest Marmelade, die ich noch hatte, dazwischen geschmiert.

# Hochzeitstorte

Der größte Luxus war dann die Schlagsahne.
1/2 Ltr. Magermilch,
3 Esslöffel Mehl,
3 Esslöffel Zucker
Mehl mit Milch zu einem Brei kochen und in einer Schüssel über Nacht stehen lassen, Zucker dran und eine halbe Stunde schlagen.

Letzteres war dann Gemeinschaftsarbeit. Jeder der Gäste musste einige Zeit schlagen.
Unsere improvisierte Hochzeitsfeier war immerhin ein gelungener Abend und ich nehme an, dass es uns damals geschmeckt hat.

Übrigens, die Geschenke, die wir bekamen, waren Brot-, Eier-, Kartoffel-, Mehl-, Fett- und Fleischmarken. Das waren sehr wertvolle Gaben damals und ein Opfer für die Schenkenden.

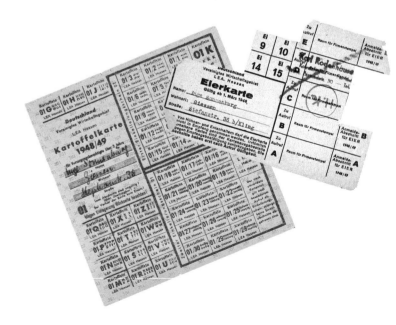

1946 mit ihrem Mann Jan

Hertha mit ihrer Freundin Margret, 1946

# Hertha

**1920** in **Köln** geboren, in Berlin bei der

Großtante aufgewachsen und zur Schule gegangen,

dann zurück nach Köln, während des Krieges Kontoristin

beim Kreiswehrersatzamt,

**1951** Heirat, 2 Kinder

Heimfahrt

# Ein Koch für immer

1945: „Helferinnen! Bitte herhören", schrie der Nachrichtenoffizier, unser höchster Vorgesetzter hier in Marseille.

Er hatte offenbar etwas sehr Wichtiges zu uns Marinehelferinnen weiter zu geben.

Er räusperte sich und fuhr fort: „Die militärische Lage hat sich vorübergehend verändert. Der Marinestützpunkt Marseille muss sich zu meinem Bedauern von Ihnen verabschieden. Alle organisatorischen Details werden Ihnen Ihre direkten Vorgesetzten sagen. Ich danke Ihnen sehr für Ihren großen und zuverlässigen Einsatz." Er salutierte und ging – ein wandelnder Eisberg. Wir standen bestürzt herum.

Was sollte das heißen? Krieg zu Ende? So oder anders? Eine Kameradin sagte trocken: „Es geht nach Hause, zu Muttern." Wohin auch immer, der Zug stand pünktlich bereit. „Lassen Sie sich nicht am Zugfenster sehen, der französische Widerstand ist recht aktiv geworden", wurden wir ermahnt. Ein Feldpolizist, allgemein „Kettenhund" genannt, ging durch den Zug. „Wenn alles gut geht, sind wir in zwei bis drei Tagen in Flensburg. Leider haben wir weder Verpflegung noch eine Feldküche an Bord." Wir wurden alle schweigsam. Hunger mit ungewissem Ausgang stand uns bevor. Und das im Feindesland. Wir hielten uns plötzlich alle an den Händen, auch die, die einander nicht grün waren.

# Ein Koch für immer

Wir nahmen uns vor, tapfer zu sein, denn wir wollten heil nach Hause kommen. Nun, die Tapferkeit brauchten wir auch. Unser Zug kam nur langsam voran – zu viele Wehrmachtszugehörige wollten per Schiene zurück in die Heimat. Aus den zwei bis drei Tagen wurden wohl vier oder mehr, so genau weiß ich das nicht mehr. Der ständige Hunger blockierte das Denken und die Lust am Zählen.

In der Flensburger Kaserne strebten wir als erstes unter die Duschen – Pech, das Wasser war eiskalt. Aber es gab dünnen Malzkaffee in riesengroßen Aluminium-Kannen. Wir wuschen uns mit heißem Malzkaffee.
Es gab auch zu essen – Nudelsuppe. Der Küchenbulle war ein Engel: „Mädels, wie lange wart ihr ohne? Um Himmels Willen, esst langsam und mit langen Pausen – euer Magen muss sich erst wieder gewöhnen." Wir hatten gelernt, nicht nur Befehlen, sondern auch erprobten Ratschlägen zu folgen.

Nach einigen Tagen war der „Küchenengel" verschwunden, er hatte sich abgesetzt. Wir harrten der Dinge, die da kommen sollten. Und das waren polnische Hilfssoldaten im Dienste der britischen Army. Einer von ihnen sprach gut Deutsch: „Meine Damen, Sie befinden sich auf Britisch besetztem Gebiet. Ist Ihr Heimatort ebenfalls in englischer Hand, werden Sie bald heimkehren können. Wenn nicht, müssen Sie entsprechende Entscheidungen abwarten.

# Ein Koch für immer

„Wenn Sie essen wollen, müssen Sie dafür arbeiten." Wir wollten das. „Also säubern Sie die Kaserne – ich teile Sie in Arbeitsgruppen ein." Man gab uns zu essen: Schwarzbrot, Margarine, frische grüne Gurken, Kartoffelsuppe – es schmeckte herrlich, irgendwann war die Kaserne sauber. Uns wurde mitgeteilt, dass wir nun Zivilisten seien und Flüchtlingsstatus hätten.

Damit unterstanden wir der provisorischen deutschen Verwaltung. Die wusste nichts besseres, als uns in beschlagnahmten zivilen Wohnungen bei deutschen Familien unterzubringen, die davon keineswegs entzückt waren. „Essen? Wir haben selber nichts. Geht doch und holt euch was auf eure Karten."

Das war purer Hohn, denn die Geschäfte waren leer, die Karten nur Papier. Also wieder Hunger. Ich war erschreckend dünn geworden. Schließlich hatte einer Erbarmen und sagte: „3 km von hier ist ein amerikanisches Camp. Fragt doch da mal nach, ob die euch beschäftigen können."

Ich hatte Mühe mit dem 3 km Fußmarsch. Aber die Amerikaner – sie waren Gäste der Briten – stellten uns ein. Zum Saubermachen, Essen zuteilen und Bedienen in der Offiziersmesse.

Hertha und Margret mit dem
amerikanisch-chinesischen Koch 1946

Wenn ich heute nach amerikanischen Spezialitäten gefragt werde – ich weiß es nicht mehr, weiß nur noch, dass es köstlich war, denn es war essbar. Nur soviel: als Nachtisch gab es oft geschmortes Dörrobst, in den USA gereift.

Wieder stand ein Engel in Gestalt eines deutschen Küchenmeisters am großen Kochkessel. Ich mag Engel und diesen mochte ich ganz besonders. Wir kamen uns näher – das konnte ich einfach nicht länger für mich behalten. Ich erzählte es einer Kollegin. Die sagte: „Hast du ein Glück – ein Koch! Du brauchst dein Leben lang nicht mehr zu kochen."

Erster Schultag 1932

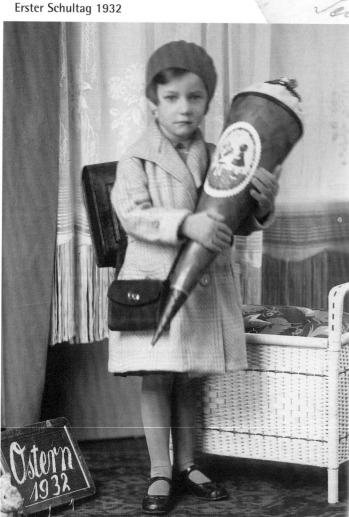

# Charlotte 1926 in

## Leipzig geboren, Schule, Arbeit im

elterlichen Geschäft, 1940 Pflichtjahr in Magdeburg

beim Pfarrer, 1941 ausgebombt, 1942 nach Schlesien,

1945 nach Oberlausitz, 1950 nach Köln,

1952 Heirat, 2 Kinder

Charlotte mit Vater 1944

Nach 1945, ich war gerade mal 19 Jahre alt, da kam ich wieder in die Oberlausitz zu meinen Großeltern.

Da ich noch keine Arbeit hatte, schloss ich mich einer Nachbarin, der Frau Glaser, an. Sie ging jeden Tag in den Wald und nahm mich mit. Und da hatte ich zum ersten Mal gesehen, was sie im Wald machte, sie suchte Pilze. Das Pilzesuchen war so ansteckend, dass ich geradezu süchtig danach wurde und mich dann auch alleine in den Wald traute.

## Vogelscheuche

Also zog ich von meiner Großmutter das Kopftuch um, trug alte Röcke, eine alte Hose und hohe Schnürschuhe, und dann noch einen Gürtel um und noch ein Messer in der Hand. Ich habe dann all diese Pilze gefunden, die Steinpilze, die Herrenpilze, Maronen, die Champignons, die Wiesenchampignons, ab und zu auch Pfifferlinge.

Zu der Zeit war oben im Wald noch die russische Besatzung und ich hörte, wie die Soldaten ihre Lieder sangen.
Aber ich hatte keine Angst, schließlich war ich ja so angezogen wie eine Vogelscheuche.

# Vogelscheuche

Jeden Morgen in der Früh bin ich in den Wald gegangen und einmal auf dem Heimweh hatte mich eine Wespe in die Wange gestochen. Ich sah zum Fürchten aus, schrecklicher als eine Vogelscheuche, und ich dachte, wer mich so sieht, bekommt Angst und läuft davon.
Jedenfalls waren meine Großeltern immer sehr froh, wenn ich gesund und munter und mit vielen Pilzen nach Hause kam.

Um sie haltbar zu machen, haben wir sie getrocknet. Es gab sie süßsauer mit Kartoffelmus oder es gab sie abends mit Bratkartoffeln und die wurden in Rapsöl gebraten.

Es war ein Supergenuss. Heute esse ich auch immer noch sehr gerne Pilze.

Charlotte im Jahr 1950

Köln 1945

# Dorelis 1930

in **Nassau** an der Lahn geboren,

1940 Jungmädelbund, dann Bund deutscher Mädel (BDM),

während des Krieges in Köln geblieben,

Beruf Angestellte in der

Bilanzbuchhaltung, unverheiratet

# Schwarzmarktgeschäfte

Wir freuten uns, wenn wir im Jahr 1945 auf dem Schwarzmarkt ein Stück Fleisch ergatterten.

## Schwarzmarktgeschäfte

So ging meine Mutter mit mir wieder mal zu einem Schwarzhändler und kaufte offiziell ein Stück Pferdefleisch. Wir hatten bis dahin noch kein Pferdefleisch gegessen.
Nach ein paar Wochen, vielleicht 14 Tage, 3 Wochen, gingen wir wieder dahin und meine Oma sagte immer: „Da stimmt was nicht mit dem Fleisch, da stimmt was nicht."

Meine Mutter machte Sauerbraten und der hat uns prima geschmeckt.

Nach Wochen gingen wir wieder zu dem Schwarzhändler und seine Frau fragte uns: „Wie hat Euch der Sauerbraten geschmeckt?" „Och", sagte meine Mutter, „er hat lecker geschmeckt, aber er war so schnell gar". „Ja," sagte die Frau vom Schwarzhändler, „was bin ich doch froh, dass ich das nicht gegessen habe. Wisst ihr, was ihr gegessen habt? Ihr habt einen Hund gegessen".

Das Rezept kann ich leider nicht sagen, denn ich hatte selbst noch keinen Sauerbraten gemacht. Ich war ja erst 15 Jahre. Den Sauerbraten damals mit dem Pferdefleisch vom Hund hatte meine Mutter gemacht.

Erst, als das vor ein paar Jahren mit den Kühen, mit dem BSE war, bin ich hingegangen und habe in der Severinstraße in der Metzgerei Pferdefleisch gekauft. Da habe ich gesagt, so, ich will jetzt bewusst Pferdefleisch essen. Ich muss sagen, ich habe keinen Unterschied zwischen dem Sauerbraten von Rindfleisch und dem Sauerbraten von Pferdefleisch geschmeckt.

Elfriede 1940

# Elfriede

**1918** in **Ludwigsort** (Ostpreußen) geboren,

Schule, Beruf Köchin,

1944 von Ostpreußen nach Pillau und von da aus mit dem

Schiff nach Swinemünde geflohen,

1950 nach Köln,

**1956** Heirat, kinderlos

# Mehlbeutel

1944 mussten wir unsere Heimat Ostpreußen verlassen. Nach mehreren Aufenthalten in verschiedenen Lagern sind wir 1946 in der Stadt Heide in Holstein angekommen und sind einige Jahre geblieben.

Ich habe dort in einem Hotel in meinem Beruf als Köchin drei Jahre gearbeitet und auch einige neue Gerichte kennen gelernt. Die meisten Menschen aus dieser Gegend mögen kräftiges und auch herzhaftes Essen, denn an der Nordsee herrscht oft ein kalter scharfer Wind und da braucht der Körper Gutes und Kräftiges zur Erhaltung der Kräfte.

## Mehlbeutel

So habe ich auch den Mehlbeutel mit Saftsoße, sehr süß, kennen gelernt.
Dies ist ein ganz einfaches schnelles Gericht mit wenigen Zutaten, die meistens in jedem Haushalt vorhanden waren, auch während des Krieges, und es schmeckte immer wunderbar, fast wie Kuchen.

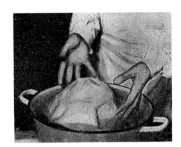

Rezept vom Mehlbeutel

Der Kuchenteig besteht aus Mehl, Butter oder Margarine, Öl geht auch, Eier, Zucker und etwas Backpulver. Die Eier werden getrennt, Mehl, Fett, Eigelb, Zucker und Backpulver werden verrührt, das Eiweiß wird steif geschlagen und unter den fertigen Kuchenteig vorsichtig untergerührt.

Nun den fertigen Teig in ein Tuch geben und mit einem Knoten fest verschließen. In einen Topf mit Wasser wird nun der Teig hineingelegt, so dass er gut mit Wasser bedeckt ist. Dann muss er zirka eine Stunde kochen.

Bei einer größeren Portion muss der Mehlbeutel etwas länger kochen. Ist der Beutel fertig, wird er aus dem Tuch genommen und wie Kuchen in Scheiben geschnitten und mit Saftsoße sofort warm gegessen.

Am besten macht man aus roter Grütze oder Himbeersirup eine passende Soße dazu.

Bleibt noch etwas von dem Mehlbeutel übrig, können die Scheiben in der Pfanne aufgebraten werden, dann schmeckt es auch sehr lecker mit gerösteten Zwiebeln.

Brigitte
als 19jährige

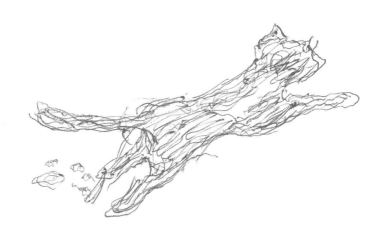

# Brigitte

**1934** in **Waldenberg** (Niederschlesien) geboren, 1946 nach Freienhufen (Niederlausitz) geflohen, dort in der Gemeinde gearbeitet, 1955 nach Köln geflohen, dort **1955** geheiratet, zwei Kinder

Mit Tochter und Mutter
in der Niederlausitz

# Die Not macht erfinderisch

Aus Schlesien vertrieben, kam ich 1946 als 12-jähriges Kind mit meiner Familie in ein Dorf in der Lausitz. Auf den Äckern standen Roggen, Hafer und Kartoffeln. Die Häuser waren unversehrt, aber bis unters Dach belegt mit Flüchtlingen aus den Großstädten.

# Die Not macht
# erfinderisch

Alle hatten sie Hunger, aber die Bauern hielten das Ihrige fest. Besonders schlimm wurde es in der Zeit vor Weihnachten. Es gab viel lautes Gezänk, viel böse Worte.

Mir fiel auf, dass ich keine der sonst reichlich vorhandenen Katzen mehr zu sehen bekam und fragte mich: „Ob die das laute Streiten und Zanken nicht mochten?" Aber sonst hatten sie es doch gut, immer die warme Milch aus dem Stall und die Häppchen, die abfielen, wenn nachts auf irgendeinem Hof heimlich „schwarz" geschlachtet wurde. Den Katzen ging es besser als den Flüchtlingskindern.

Aber die Katzen blieben verschollen. Am 2. Weihnachtstag erzählten die Flüchtlingskinder voll Stolz, bei ihnen hätte es Hasenbraten gegeben. Ich hielt das für pure Angabe, fragte aber meine Mutter, ob das wahr sein könnte. Meine Mutter lachte und sagte nur, dass sie uns keine gebratene Katze vorsetzen würde. „Noch haben wir von unserem Bauern etwas anderes bekommen," meinte sie abschließend. Stimmt – wir hatten Kaninchenragout zum Fest gehabt.

Niemals habe ich darüber nachgegrübelt, ob manchmal Kaninchen „Miau" sagen könnten.

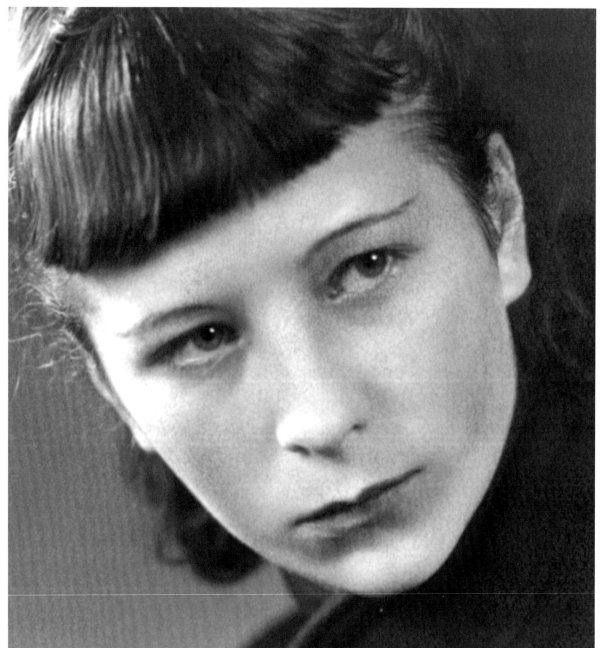

Zwanzigster
Geburtstag
1941

# Ingeborg 1921 in

Potsdam geboren, Schule, Hauswirtschaftliches Jahr,

dienstverpflichtet in einem technischen Entwicklungslabor,

1944 eingezogen als Flakwaffenhelferin,

1945 US-Gefangenschaft in Oberbayern,

1946 Ausbildung zur Redakteurin, arbeitete in

Zeitungsredaktionen in Stuttgart, Nürnberg, Hamburg und Köln,

1951 Heirat in Köln, kinderlos

1946 Volontärin bei der Giessener Freien Presse

Ich war zu jenem Zeit-
punkt Volontärin bei
einer kleinen, von der
Besatzungsmacht lizen-
sierten Tageszeitung. Das
bedeutete: winziges Gehalt, schäbig möblier-
tes Zimmer, nichts anzuziehen. So viel hatte
ich schon gelernt: eine Eins in Deutsch genügt
nicht, auch Garderobe musste sein. Ich rechne-
te: wenn ich den schicken Mantel bei m & M
kaufe, dann reicht es nicht mehr für das täg-
liche Mittagessen, außer vielleicht sonntags.
Abends und morgens Brote mit Margarine –
was sonst?

## Der Henkelmann

Was ich im Herbst 1948 am dringendsten
brauchte, war ein Wintermantel. Textilien waren zwar nicht mehr bewirtschaftet, aber teuer.
Inzwischen war auch der „New Look" zu uns
nach Westdeutschland gekommen und löste
allmählich die umgearbeiteten Soldaten-Uni-
formen ab.

1945 bis 1948

# Der
# Henkelmann

Ich sah das als Kraftprobe und Abenteuer an und kaufte den elegant geschnittenen Mantel. Natürlich registrierten ihn die Kollegen sofort. Lokalredakteur Bruno fragte: „Ist bei dir plötzlich der Wohlstand ausgebrochen?" Ich schilderte ihm meinen Finanzplan. Er wackelte missbilligend mit dem Kopf. Am nächsten Tag, als alle zum Essen gegangen waren, senkte er einen blau emaillierten Essensbehälter, einen sogenannten Henkelmann, in den brodelnden Wassertopf, den wir zum Kaffeekochen benutzten.

Bruno fragte: „Willste was abhaben? Das ist Grüne-Bohnen-Eintopf. Meine Frau gibt mir immer so viel mit." Und ob ich wollte!

Aber ich genierte mich schrecklich und stammelte die üblichen Einwände. Bruno lachte: „Mädchen, wenn de was werden willst in dem Beruf, dann gewöhn dir die Bescheidenheit ab." Mein Magen knurrte.

„Hol dir n` Teller." „Gibt`s hier nicht." „Nimm meinen, ich esse aus dem Topf."
Ich fragte, ob das seiner Frau recht sei. Er lachte wieder. „Lass man – ich darf das!" Ich hatte noch mehr Fragen auf Lager: „Sag mal Bruno, du verdienst doch mehr als nur ein Volontärsgehalt. Wieso kommst du mit dem Henkelmann zum Dienst?" Er antwortete mit drei Worten: „Wir wollen bauen."

1949 als Redakteurin

# Der
# Henkelmann

Am nächsten Tag gab es Graupen mit Hammelfleisch. Wir hatten jeder einen Teller. Ich fragte wieder: „Habt ihr in eurem Vorort einen Metzger, der auch Hammelfleisch anbietet?" „Nö, aber Schafe stehen auf Großmutters Wiese. Die Wiese, auf der wir bauen wollen."

Wir löffelten schweigend. Bruno träumte vom Hausbau und ich von einem gut sortierten vollen Kleiderschrank.

Unsere Träume sollten Schritt für Schritt in Erfüllung gehen. Bruno wurde Herr im eigenen Haus. Ich ging in größere Städte, zu größeren Blättern. Meine Koffer wurden größer und schließlich auch mein Kleiderschrank.

Durch den Beruf lernte ich dann den gütigsten Menschen kennen, dessen Namen ich trage. Aber am Anfang war der blau emaillierte Henkelmann.

Danke, Bruno!

v Schinkel

Danzig 1944

Mit ihrer Freundin Inge, 1944

Inge Baumann

Gisela Sprengler

# Gisela

Danzig,
ca. 1925

**1923** in **Danzig** geboren, Schule, 1939 Pflichtjahr

bei der Feuerschutzpolizei, Beruf Bürokauffrau,

1945 Flucht nach Aalborg in Dänemark, 1946 nach Berlin,

**1946** erste Heirat, 1952 zweite Heirat, zwei Kinder,

1959 nach Köln

Als Trümmerfrau in Berlin, 1952

## Hoffnung auf bessere Zeiten

### Damals wie heute
Die Versorgung und Wartung der Kinder lag und liegt ja meistens auch heute in den Händen der Mütter.

**Berlin 1950/51**
Meinen erstgeborenen Sohn von der Kinderkrippe abholen.
Zu Hause: Haushalt, Kind versorgen, Essen vorbereiten.
Vom Kochen noch nicht viel Ahnung. Was tun? Ein Kochbuch musste her. Ich bekam ein Kochbuch mit dem Titel:
**„Schmalhans kocht trotzdem gut".**

Darin waren schöne und vor allem einfache Rezepte, denn es gab ja nicht viel zu kaufen.  Für jedes Rezept stand immer eine Ergänzung  im Buch mit der Überschrift:
**„Und wenn's mal wieder besser wird".**

# Hoffnung auf
# bessere Zeiten

In Erfurt 1949 gedrucktes Kochbuch

Das fand ich so toll, denn es machte mir die Hoffnung auf bessere Zeiten.
Auch mein Sohn liebte das Büchlein wegen der schönen Bilder.

Ich hatte ein braves Kind, was mir ständig am Rockzipfel hing.

Später ging das kleine Kochbuch in den Besitz meines Sohnes über und auch seine jetzt 8-jährige Tochter hat ebenfalls Gefallen daran.

Johanna im Jahr 1943

# Johanna

**1919** in **Dresden** geboren, Schule, Ausbildung als Kinderpflegerin,

dann 10 Jahre kaufmännische Angestellte in der Sparkasse,

**1944** Heirat (Kriegstrauung), 1945 geflohen ins

Rheinland nach Köln, zwei Kinder

# Kalte Hundeschnauze

Diese Torte bestand in der Hauptsache aus Keksen, Palmin, Zucker und Kakao.

## Kalte Hundeschnauze

Eine Kastenform wurde mit Pergamentpapier ausgelegt. Dann kamen Kekse in die Form. Fett, Zucker und Kakao wurden flüssig gemacht und über die Kekse gegossen, und so wurden mehrere Schichten gelegt. Die Kastenform wurde an einen kühlen Platz gebracht, meistens in den Keller.

Die meisten Leute hatten damals noch keinen Kühlschrank.
Nach dem Krieg war das eine beliebte Süßigkeit. Besonders zum Namenstag oder Geburtstag der Kinder, weil es ja auch nicht viel zu kaufen gab beim Bäcker. Süßigkeiten oder eine riesige Kuchenauswahl, so wie heute, gab es nicht.
Kalter Hund oder Kalte Hundeschnauze, so hieß der Kuchen, war lecker süß und mächtig und die Kinder waren schnell satt.

# Keulchen

## Keulchen

Wir, besonders meine Söhne, haben furchtbar gerne Keulchen gegessen. Das ist ein Quarkgericht.

Die Keulchen bestehen aus gekochten Kartoffeln, die gerieben werden und dann kommt Quark rein und Eier, etwas Salz und ein bisschen Zucker und dann wird das Ganze verrührt und dann wird ein Teig daraus geknetet.
Der Teig wird gerollt und in Scheiben geschnitten und die Scheiben werden dann in der Pfanne gebraten. Das Besondere ist, sie werden in Leinöl gebacken und das gibt ein ganz besonderes Aroma.

Meine Söhne waren immer so begeistert, wenn es Keulchen gab, dass sie immer so viel gegessen haben, dass sie hinterher im Bett lagen und sich nicht mehr bewegen konnten.
Meine Enkelkinder sind heute auch immer sehr begeistert, wenn ich sage: „Es gibt heute Keulchen". Dann kommt immer die ganze Familie.

Als Johanna die Geschichte von den Keulchen im Kreis der Seniorinnen erzählte, fragte eine gleich danach: „Wann machst du die für uns?"

# Katja

**1947** in **Köln** geboren,

Schule, Halbwaise, danach Hausarbeit

im väterlichen Haushalt, unverheiratet

# Gewürzmischung
# unbekannt

1950 starb meine Mutter. Ich war 3 Jahre alt. Zunächst sorgten Verwandte für meinen Vater und mich. Später übernahm ich die Hausarbeit und das Kochen.

## Gewürzmischung unbekannt

Es mag 1967 gewesen sein, das Leben hatte sich weitgehend normalisiert. Ich war inzwischen 19 Jahre alt und, wie gesagt, ich führte meinem Vater den Haushalt.

Wir waren „Normalverbraucher", für uns war ein Gulasch durchaus noch ein Sonntagsessen.

An einem schönen Sommertag wagte ich mich dran. Es ging mir gut von der Hand, aus dem Schmortopf duftete es. Die Kartoffeln brauchten noch etwas Garzeit.

Ich guckte aus dem Küchenfenster und unterhielt mich mit unserer freundlichen Nachbarin. Die wurde plötzlich ernst und sagte besorgt: „Ich mein, do wör jet am anbrenne". Ich beruhigte sie: „Dat kann nit sin, minge Pott steiht op klein."
Da nun bekanntlich Vorsicht die Mutter aller Porzellankisten ist, ging ich doch zum Herd,

um nachzugucken. Tatsächlich: alle Flüssigkeit war verschmort, der Dampf roch brenzlig. Ich riss den Topf vom Feuer, löschte ab und würzte mit allem, was ich in Reichweite hatte.

Ein bisschen Herzklopfen hatte ich schon, als ich die Terrine auf den Tisch setzte. Mein Vater bediente sich, kostete und sagte mit dem Lächeln des Genießers: „Dat häste jood jemaht". Gerne hätte ich es noch öfter so gekocht, doch ist mir die spontane Gewürzmischung nie wieder gelungen.

Weihnachten 1967

# Und als es
## wieder besser ging

Ingeborgs und Ludmillas
## Gänsebraten

 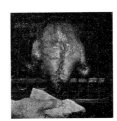

Ingeborg

## Gans mit Füllung

Dies ist eine Geschichte, da war die Notzeit schon überwunden. Das war 1965. Ich war Mitarbeiterin einer Frauenzeitschrift. Diese Frauenzeitschrift hatte einen ausgebauten Kochteil und gekocht wurde von einem Küchenmeister in der Versuchsküche. Dieser arme Mensch wurde eines Tages krank und es wurde ein Ersatzmann beschafft. Und dieser Ersatzkoch riet uns im August zu einer Weihnachtsgans, damit wir vor Weihnachten etwas mehr Ruhe hätten für die anderen Beiträge.

Nun ja, eine Gans wurde besorgt, wurde gebraten, wurde etwas geschönt mit Speisefarbe und wurde fotografiert. Das hatten wir hinter uns. Nun musste die Gans ja auch gegessen werden, denn so was wirft man ja nicht weg.

Eingeladen wurde die ganze Belegschaft, einschließlich Geschäftsleitung. Alle nahmen in der Versuchsküche Platz. Der Aushilfsküchenchef krempelte sich die Ärmel hoch, griff nach dem Tranchierbesteck, schnitt die Gans auf und bekam einen starren Blick. Mit spitzen Fingern griff er in die Öffnung, und zog ein Beutelchen aus Plastik mit den Innereien raus. Alle waren starr vor Entsetzen. Die Geschäftsleitung griff nicht mehr zum Gänsebraten, die sahen nur noch zu.

Wir anderen machten uns nichts daraus. Wir fielen über die lecker gebratene Gans her. Aber dieser Küchenmeister wurde natürlich nie wieder engagiert.

Und dennoch, wenn ich die Gans hätte braten müssen, wer weiß, was da raus gekommen wäre!

Ludmilla

## Oberaufsicht

Die schönste Gans aus ganz Köln sollte es
sein. Liebevoll wurden dann die letzten
Stoppeln und der Flaum beseitigt.

Esskastanien wurden gebrüht und die Äpfel
vorbereitet. Dann wurde alles mit etwas Ma-
joran in den Bauch der Gans verteilt. Nun
wurde der Bauch zugenäht und die Gans in
den Bräter mit kochendem Wasser gelegt und
in den heißen Ofen geschoben.

Die Oberaufsicht übernahm nun mein Mann.
Er holte sich einen Stuhl an den Ofen und be-
wachte und begoss fleißig das Gänsevieh.

Nach etwa zwei Stunden war
das Festessen dann auch gut gelungen.
Dazu gab es Klöße (aus der Tüte) und Rotkohl
(aus der Dose).

Unsere Gäste wurden satt und waren zufrieden.
Da alles so gut gelungen war, durften wir von
da an jedes Jahr zu St. Martin eine Gans braten.

Impressum

Herausgeber
©Seniorinnen der Freitagsgruppe Lutherkirche
Martin-Luther-Platz 4 · 50677 Köln
Projektleitung
©Dipl. Soz. Päd. Ingeborg Schaefer

Gestaltung
unique. Agentur für Kommunikation
GmbH & Co. KG · Eva von Rogal

Druck- und Verlagshaus
Gebrüder Kopp Köln
www.kopp-koeln.de

ISBN: 3-926509-23-6